LA CORBIÉRÉIDE,

Poëme

EN QUATRE CHANTS

PAR

BARTHÉLEMY ET MÉRY.

PARIS

AMBROISE DUPONT ET Cie, LIBRAIRES,
RUE VIVIENNE, N° 16.

✳

1827

LA CORBIÉRÉIDE.

Des mêmes Auteurs.

SIDIENNES.
ÉPÎTRE A M. DE VILLÈLE.
LES JÉSUITES.
LES GRECS.
ROME A PARIS.
UNE SOIRÉE CHEZ M. DE PEYRONNET.
LE CONGRÈS DES MINISTRES.
LA VILLÉLIADE.
LA PEYRONNÉIDE.

IMPRIMERIE DE J. TASTU,
RUE DE VAUGIRARD, N. 36.

PRÉFACE.

M. de Corbière s'est fait connaître depuis long-temps par des destitutions, de mesquines tracasseries, de petits tableaux d'intérieur enfin; mais il ne s'était point encore signalé par un de ces grands coups d'État, qui ont porté si bas dans l'opinion publique les noms de MM. de Peyronnet et de Villèle. C'est à ces grands maîtres, que le ministre breton doit l'audace qu'il a déployée au 29 avril; par son ordonnance du licenciement, il s'est mis, dans un seul jour, au niveau de ses amis, et le triumvirat ministériel est aujourd'hui complet. Jaloux de payer notre dette poétique à M. de Corbière, nous avons le lendemain de son ordonnance commencé la *Corbiéréide*, et c'est le poëme que nous offrons aujourd'hui à lui et au public; nous avons été détournés un instant de ce travail par la publication du *Congrès des Ministres* qui n'est qu'un épisode de la *Corbiéréide*, et que nous nous empressâmes de livrer à l'impression, comme un hommage à la circonstance, et l'avant-coureur d'un poëme où le héros devait être célébré dans des proportions plus larges, et plus convenables à son grand caractère.

Ce poëme est notre chant d'adieu au ministère; et à moins que quelque grande circonstance ne surgisse dans les fastes ministériels, nous laisserons nos ennemis jouir en paix d'une puissance qui paraît s'être consolidée par ses défaites. Nous n'avons jamais eu la prétention de croire que nos vers pouvaient contribuer à renverser les ministres; un seul but a guidé nos travaux : celui de soulager notre propre indignation, en nous rendant quelquefois les interprètes des douleurs publiques. La gloire de sauver la France était réservée à des voix plus fortes et plus connues; mais les Casimir Périer, les Dupont, les Méchin, les Benjamin Constant, les Bignon, les Lafitte, ces Alcides de la tribune, ont vaincu l'hydre aux sept têtes, et ne l'ont pas étouffée; que pouvaient faire deux poëtes obscurs?

CHANT PREMIER.

LA
CORBIÉRÉIDE.

―――――――――――――――――――――

CHANT PREMIER.

LE DRAME.

Dans un salon doré, centre d'un grand domaine,
Les bras sur la poitrine, un homme se promène;
Ses brusques mouvemens, ses gestes indécis,
D'une tête brûlante attestent les soucis;
Sa coiffure en désordre, et ses habits sans faste,
Forment au sein du luxe un étrange contraste.
Sa taille n'offre pas cet air de majesté

Que prête aux grands du monde un vulgaire hébété ;

Mais ses yeux enfoncés montrent, en traits de flamme,

Que dans un petit corps peut vivre une grande ame.

Ses pas sont saccadés ; il aspire cent fois

La poudre aux grains piquans, absente de ses doigts ;

Souvent même, aux reflets de la glace lointaine,

Il tressaille en voyant une figure humaine.

Il s'arrête parfois, et son oreille alors

S'ouvre pour recueillir le fracas du dehors.

D'autres fois, épiant une aiguille trop lente,

Il trahit malgré lui la fièvre de l'attente,

Et son œil inquiet sollicitant la nuit,

Accuse les rayons de la lune qui luit.

Ce salon où partout la bougie étincelle,

C'est le temple du fisc, et cet homme est Villèle [1].

Que peut-il méditer ? Et quel nouveau dessein

Le ministre éternel couve-t-il dans son sein ?

Tout-à-coup un souris contracte sa figure...;
Le roulement lointain d'une lourde voiture
A fait battre son cœur... Sur l'escalier secret
On entend une voix, et Corbière paraît.

VILLÈLE.

Je t'ai mandé, Corbière, et cette heure avancée
T'indique assez quels soins occupent ma pensée;
Écoute-moi; demain la garde de Paris
Va demander au Roi ma retraite à grands cris;
Pour conjurer ce coup, la force est inutile;
Nous ne sommes que trois, ils seront trente mille.
Ainsi donc que leurs cris assourdissent les airs;
Mais dans la même nuit, car les momens sont chers,
De ce corps factieux supprimons l'existence;
Une ligne suffit, nous forgeons l'ordonnance,
Et tu la signes.

CORBIÈRE, *effrayé.*

Moi!

VILLÈLE.

C'est ton département.

CORBIÈRE.

Et me soutiendrez-vous ?

VILLÈLE.

Je t'en fais le serment ;
Que peux-tu redouter ?

CORBIÈRE.

A parler sans contrainte,
Je crains tout, cher Villèle, et n'ai pas d'autre crainte.

VILLÈLE.

Ah ! que tu connais peu mes forces et mon bras !
Je convoque au besoin trente mille soldats [2].
Écoute, et prends du cœur : tu connais bien Tonnerre,
Pacifique héros qui préside à la guerre...

CORBIÈRE.

Si je connais Clermont !

VILLÈLE.

C'est mon premier commis ;
Automate docile, à mes ordres soumis,
Il me livre demain les cartons de Bellone.
Des guérêts champenois, des rives de l'Yonne,
Tu verras accourir l'éclatant cuirassier
Qui nous offre un abri sous son buste d'acier ;
L'artilleur, dont Vincenne arbore la bannière ;
Le dragon colossal à la noire crinière ;
Le hussard gracieux ; le chasseur diligent ;
L'équestre grenadier, aux brandebourgs d'argent ;
L'impassible gendarme, émule du Cosaque,
Qui porte un vaisseau blanc sur sa sombre chabraque,
Et l'agile lancier, sédentaire fléau
Des maris de Melun et de Fontainebleau.
Paris sera bloqué; si Villèle l'ordonne,
Quinze mille chevaux garderont ta personne ;
Et tu pourras montrer ce courage ingénu

Dont se targue un poltron quand il est soutenu.
Qu'en dis-tu ?

CORBIÈRE.

Je ne sais...

VILLÈLE.

Indécis personnage !
Je n'attendais pas moins de ton douteux courage ;
Ta bouche, si féconde en stériles propos,
Pour répondre à ton chef n'a trouvé que deux mots.
Ah ! Corbière, est-ce ainsi que ta reconnaissance
Sert l'ami chaleureux qui créa ta puissance,
Et crois-tu t'acquitter d'une dette sans prix
En flanant tous les jours sur les quais de Paris ?
Chez toi, le ridicule a fondé son domaine,
C'est bien ; mais qu'as-tu fait pour mériter la haine ?
Tu ne suis que de loin mes gigantesques pas,
Mes lauriers en dormant ne te tourmentent pas.
Par des actes mesquins tu cherches à me plaire,

De petits alimens nourrissent ta colère,

Et joyeux, chaque soir tu t'endors, si ta main

Du gosier d'un savant a retiré son pain ;

Aussi les bons bourgeois qui jugent bien leurs maîtres,

Sans maudire ton nom passent sous tes fenêtres,

Tandis que leurs clameurs, ébranlant mes vitraux,

Du destin d'Ilion menacent mes bureaux.

Corbière s'attendrit.

Mais je vois que ces mots émeuvent ta machine ;

Breton, ne démens pas ta superbe origine ;

Montre-toi : songe bien qu'au métier des visirs

Les plus rudes travaux sont mêlés de plaisirs ;

Contre un sceptre de fer échange ta férule,

Pour marcher mon égal sois plus que ridicule,

Il est si doux le soir de dire dans son lit :

« Que béni soit le Ciel ! le peuple me maudit ! »

CORBIÈRE, *exalté*.

O pouvoir du grand homme ! influence magique

Qui confond ma raison et que mon cœur explique !

Oui, Villèle, je cède à ta céleste voix,

De mon noble avenir j'accepte tout le poids;

J'abdique ma paresse, et mon ame glacée

S'échauffe au feu divin qu'exhale ta pensée.

Je t'obéis; faut-il, sur mon simple cachet,

Changer en électeurs les mouchards de Franchet,

Des théâtres royaux clouer l'antique toile,

Faire au niveau du sol tomber l'arc de l'Étoile,

Immoler d'un seul coup les quarante Immortels,

Placer l'État civil sous le dais des autels,

De béats Récamier inonder les écoles,

Nommer dans les chefs-lieux des préfets en étoles?...

Parle.... et s'il faut mander à l'appui de mes droits

Le doux gendarme ami des peuples et des rois,

Sabrons; suivant les lois de ma philosophie,

La morgue est un autel où mon cœur sacrifie.

VILLÈLE.

C'est très-bien, et jamais ta bouche n'a mieux dit;
Villèle en un instant t'a donné de l'esprit.
D'un si grand changement ma gloire était avide,
Tu n'en as jamais lu de plus beau dans Ovide.
Maintenant, sois instruit de mes secrets desseins :
Cette nuit, m'arrachant des bras de Desbassyns,
Je vais au Champ-de-Mars, dans l'ombre et le silence,
Faire avec Peyronnet un pacte d'alliance;
S'il te plaît de grossir ce conseil en plein air,
Nous serons trois: les Dieux aiment le nombre impair.

CORBIÈRE, *d'un ton ferme.*

Eh bien! nous serons trois!

VILLÈLE.

Ta réponse est sublime,
Et Corbière a déjà reconquis mon estime.
Bientôt nous montrerons à ces faibles humains
Le tonnerre tout prêt à tomber de nos mains;

Et si, pour dissiper ces bourgeoises recrues,
Le sabre est en défaut, je lance dans les rues
Ces légers canonniers qui, sur leurs palefrois,
Promènent au galop la logique des rois [3].
Es-tu content? tes mains sont-elles assez fortes?
Puis-je compter sur toi?

CORBIÈRE, *avec transport.*

Roi des juifs, tu l'emportes!!!

Corbière te promet, en te serrant la main,
Son serment cette nuit, l'ordonnance demain;
Je vais voir un instant mon épouse fidèle,
Le reste de ma nuit sera tout à Villèle.

Corbière était sorti; mais le chef du conseil,
Dans ce moment de crise écarte le sommeil.
De son projet subtil il raffermit la trame;
Pourtant un noir soupçon assiége sa grande ame.
Il craint, avec raison, que Corbière abattu

N'oublie en son hôtel sa récente vertu,

Et que par des sanglots l'Andromaque nouvelle

N'arrête son époux à la porte Grenelle ;

Heureux, s'écriait-il, heureux l'homme d'État

Qu'un divorce gascon ramène au célibat !

Soudain, Peyronnet entre, et son pas militaire

Fait résonner trois fois l'écho du ministère ;

Il porte sur l'œil droit sa toque de velours ;

Sa robe, de son corps dessinant les contours,

Sur son robuste flanc avec art découpée,

Laisse entrevoir à l'œil la garde d'une épée.

A l'aspect de Villèle il s'incline à demi ;

D'un geste familier saluant son ami,

Sur un divan de soie il s'assied en silence,

Et son jarret nerveux, qu'avec grâce il balance,

Étale fièrement quatre muscles jumeaux

Dignes objets des vœux des vierges de Bordeaux.

Mais bientôt Peyronnet dépose avec mesure

La majesté d'emprunt qui gêne son allure,

Et devant son ami se montre en négligé ;

Le nouveau Lamoignon en Valère est changé,

C'est un franc Bordelais, aimable et joyeux hôte,

Qui vient de festoyer un vin compatriote.

« J'arrive de Mont-Rouge où Ronsin m'a donné

» Dans la salle d'escrime un somptueux dîné ;

» Voici le fait : hier une veuve isolée

» Par le courrier du jour au ciel s'est envolée

» En laissant à Ronsin la moitié de son bien,

» Trente napoléons en or, c'est presque rien.

» Sans Mont-Rouge ce bien était en déshérence ;

» Demain le *Moniteur* contiendra l'ordonnance

» Qui permet saintement à Ronsin affligé,

» De recueillir ce legs que nous avons mangé ;

» On a porté des tosts au légataire en larmes,

» Et pour *de profundis* nous avons fait des armes.

» Loriquet m'a touché..... mais vous ne riez pas,

» Villèle ! »

VILLÈLE *se levant*.

Quel moment pour manger un repas !

Pour célébrer aux feux de vos saintes bougies,

Avec vos gais amis de nocturnes orgies!

Quand nous sommes bloqués, quand des soldats bourgeois

Pour nous huer demain éclaircissent leurs voix!

N'as-tu pas vu, parmi les guirlandes de fête,

Le fer de Damoclès suspendu sur ta tête,

Ou le doigt précurseur de l'aveugle destin,

Tracer des mots hébreux sur les murs du festin ?

PEYRONNET *riant*.

Mais, mon cher président, quel ordre tyrannique

Ce soir vous fait chausser le cothurne tragique ?

Soyons nous, réservons pour un Ventre hébété

Notre dévot pathos et notre majesté.

Sur nos coussins de soie attendons la tempête,

La veille d'un combat pour nous est une fête.

VILLÈLE.

Jeune présomptueux, modère ce transport :

Si je t'abandonnais aux caprices du sort,

Demain, du *Moniteur* l'habile sténographe

Au lieu de ton discours ferait ton épitaphe.

Écoute-moi : Corbière à l'instant sort d'ici ;

Notre plan non sans peine enfin a réussi.

J'ai dû, pour ranimer sa vieille ame engourdie,

En vers alexandrins jouer la tragédie ;

Et j'ai tout obtenu ; de nos adroits complots

Il se croit le témoin, il en est le héros ;

Mon ton grave a séduit la crédule Excellence ;

Il vient au Champ-de-Mars, il signe l'ordonnance ;

Cette nuit, en jurant avec solennité,

Il croira qu'un serment doit être respecté.

PEYRONNET.

Ulysse du Conseil, recevez mes excuses,

Votre vaste cerveau n'est qu'un foyer de ruses;

J'abdique sans rougir mon abord triomphant,

Devant tant de grandeur je ne suis qu'un enfant,

Et je vais prendre ici cette voix doctorale

Qui fait rire au Sénat quand je parle morale.

VILLÈLE.

Adopte un geste grave, un maintien compassé;

Allons au Champ-de-Mars, car ton rôle est tracé.

PEYRONNET.

Corbière a tous les goûts d'un écrivain antique;

C'est le Grec Vadius.

VILLÈLE.

C'est un niais politique.

Mais sur les boulevards, dans les drames sanglans,

Ces gens-là quelquefois servent bien les tyrans.

CHANT DEUXIÈME.

CHANT DEUXIÈME.

✳

LE CHAMP-DE-MARS.

L'ASTRE aux feux sans chaleur brillait dans l'atmosphère;
Paris, enveloppé de l'ombre somnifère,
Arrivait d'heure en heure à ce calme agité
Où s'engourdit la nuit une vaste cité.
Les quartiers sont déserts; aux fenêtres lointaines
Scintillent en mourant des clartés incertaines;
On voit encor passer quelques rares piétons;
Des numéros roulans les grossiers phaëtons
Regagnent la remise, et par longs intervalles
Du parquet de granit font résonner les dalles;

Quelquefois aux lueurs d'un mobile flambeau,
Astre décoloré, que le grand Delavau
Fait au bout d'un cordon graviter dans l'espace,
Au détour d'une rue on trouve face à face
Trois graves cavaliers dont les noirs vêtemens
Pendent en larges plis sur leurs coursiers normands.
Tel est Paris; telle est sa populace immense;
Tout, jusqu'à son repos, trahit son existence;
Pareille à Poliphême, elle dort avec bruit;
Le tumulte du jour bourdonne dans la nuit.
Ainsi quand le marteau bat la cloche sonore,
Long-temps après le choc elle murmure encore.

L'œil ne distinguait plus dans ce vaste chaos
Qu'un amas de maisons et de toits inégaux;
De la lune pourtant la lueur imparfaite
Des plus hauts monumens montrait encor le faîte :
Le temple Saint-Sulpice aux contours indécis;

CHANT DEUXIÈME.

Le léger Panthéon comme un géant assis ;
Le pesant Val-de-Grâce à la noire coupole,
Et les tours qui de loin marquent la Métropole ;
On reconnaît aussi cet hôtel régulier
Où Mars ouvre aux héros son dôme hospitalier,
Et ce noble édifice où dans l'ombre s'élève [4]
La race que la France armera de son glaive ;
En face de ses murs un champ inhabité
De sa longue étendue offre la nudité ;
Trois mortels ont paru dans ce lieu solitaire ;
A leur démarche grave, à leur air de mystère,
On eût cru voir errer trois pâles nécromans
Cherchant un lieu propice à leurs enchantemens ;
A peine sous leurs pas ils froissaient la prairie ;
C'étaient les triumvirs, pères de la patrie,
Qui, soustraits cette nuit aux charmes du sommeil,
Venaient dans cette plaine établir leur conseil ;
La lune à l'horizon, à cette heure inclinée,

Allonge des héros l'ombre indéterminée,
Et du pont d'Iéna, leurs pieds en traits obscurs,
De la lointaine école escaladent les murs.
Ils s'avancent sans bruit; leur langage est un signe;
A son obscur destin Corbière se résigne;
Peyronnet après lui marche d'un pas douteux;
Villèle, comme chef, les devance tous deux,
Fier de l'immensité que projette son ombre;
D'un regard satisfait le héros les dénombre;
Mais, avant d'entamer ce périlleux chemin,
En général habile il sonde le terrain,
Longe les hauts fossés, prêt à donner l'alerte,
Puis gagne le milieu de la plaine déserte,
Frappe du pied le sol en le montrant du doigt,
Et le trio muet s'arrête en cet endroit :
« Écoute, ô Peyronnet! et toi surtout, Corbière,
» Toi qui reçus du Ciel une ame moins guerrière,
» Écoutez : ce n'est pas par un caprice vain

CHANT DEUXIÈME.

» Que je vous ai conduits jusqu'à ce lieu lointain ;
» Vous la reconnaissez cette funeste enceinte,
» D'odieux souvenirs chaque place est empreinte ;
» Sur le sol, par nos pieds en ce moment pressé,
» L'autel de la patrie autrefois fut dressé :
» Là furent entendus des sermens sacriléges :
» Les vieux Francs, oublieux de leurs saints priviléges,
» Osèrent proclamer l'égalité des lois,
» Et jusqu'au rang de l'homme élever les Gaulois ;
» La tribu de Lévi, quittant le sanctuaire,
» Associa le Ciel au pacte populaire,
» Et, le sein déchiré de secrètes douleurs,
» Noua sur le camail l'écharpe aux trois couleurs ;
» Là parut des bourgeois l'odieuse milice,
» Des crimes de Paris éternelle complice,
» Qui naguère pour fruit d'un premier attentat,
» Avait conquis d'assaut une prison d'État.
» Un noble était son chef, et cette garde impie

» Poussait des cris de joie à l'aspect de la Pic[5] ;

» Le volcan politique, en ce jour allumé,

» S'est rouvert mille fois, et toujours a fumé.

» Mais pourquoi dérouler les feuillets de l'histoire?

» Soyons les instrumens d'une œuvre expiatoire,

» Resserrons nos liens par de nouveaux sermens;

» Théâtre scandaleux de nos déréglemens,

» Funeste Champ-de-Mars, foyer de la tempête,

» Tu vas être témoin d'une dernière fête!

» Abuse de demain, triomphe tout le jour :

» C'est demain qu'à la voix du sinistre tambour,

» Paraîtront ces bourgeois, objets de notre haine;

» Leurs longs rangs de fusils hérisseront la plaine;

» Gardons-nous de troubler ce guerrier appareil,

» Pour leur donner la mort attendons leur sommeil :

» C'est alors que Corbière, armé d'une ordonnance,

» Frappera sans danger l'ennemi sans défense.

» Le moment est venu : Corbière, approche-toi,

CHANT DEUXIÈME.

» Qu'un serment solennel nous engage ta foi,
» Sois ministre; bannis un bizarre scrupule,
» En style de décret prononce la formule;
» Imitez-moi : levez votre main vers les cieux,
» Vers cet astre qui luit témoin silencieux,
» Jurons de secouer, d'un effort unanime,
» Le fardeau de la Charte et du nouveau régime,
» En pouvoir solidaire érigeons nos emplois,
» Régnons au ministère ou tombons à la fois. »

Il se tait à ces mots : l'heure, la solitude,
La fierté de leurs traits et de leur attitude,
La lune qui sur eux porte un jour argenté,
Tout donne à cette scène un air de majesté;
Leur pose en ce moment, digne des temps antiques,
Révèle dans chacun des formes athlétiques;
Leurs jarrets sont tendus et leurs bras sont roidis :
Tels, d'un noble dessein trois complices hardis [6],

Au milieu des rochers, dans un site sauvage,
Près d'un lac monotone au paisible rivage,
Par un triple serment mille fois répété,
Réveillèrent la Suisse au mot de liberté.
Tel parut le Conseil présidé par Villèle :
On eût cru voir trois dieux sous la forme mortelle.
Silence! approchons-nous, leur bouche va s'ouvrir,
Peyronnet le premier s'apprête à discourir;
Mais non : un dieu jaloux, un funeste génie,
Suspend le dénoûment de la cérémonie;
Un magique pouvoir les a glacés tous trois :
L'orateur bordelais est demeuré sans voix,
Et le noble trio, pareil à trois statues,
Reste les yeux levés et les mains étendues.

CHANT TROISIÈME.

CHANT TROISIÈME.

LES MOUCHARDS [1].

Quel prodige inouï glaça les trois héros?
Quel dieu troubla Villèle en ses vastes complots?
Quelle étrange aventure, en ce moment sublime,
Suspendit des trois chefs le serment unanime?

Astre silencieux qui fus leur confident,
Daigne nous révéler ce funeste incident;
Tu racontes la nuit tes secrets aux vieux chênes,
Instruis donc une fois des oreilles humaines!

Auprès du Champ-de-Mars, non loin de ces fossés,

Qui forment à l'entour des rebords exhaussés,
Sur ces larges talus de qui la pente douce,
Offre un sol tapissé de gazon et de mousse,
L'industrie éleva de modestes hôtels
Où le culte bachique a de nombreux autels;
Le peuple de Paris, dans ces lieux de plaisance,
Nargue aux jours fériés l'octroi de bienfaisance,
Et soustrait au rayon qu'on soumet à l'impôt,
De l'avare Benoist affronte le suppôt[8].
Les joyeux desservans de ces temples rustiques,
D'un friand étalage encombraient leurs portiques;
Demain le peuple en foule y sera confondu;
Un seul de ces manoirs lui sera défendu :
De hauts pieux alignés, comme un mur diaphane,
En défendent l'entrée au vulgaire profane;
Un signe maçonique au dedans reproduit,
Peut seul donner l'accès du ténébreux réduit,
Car on lit sur la porte en grossiers caractères;

CHANT TROISIÈME.

On ne reçoit ici que des sociétaires.

Chaque nuit, aux élus du banquet clandestin
La vieille Léonarde apprête le festin [9].
Par les frères secrets mûrement éprouvée,
A l'emploi du cordon elle fut élevée.
Ses regards exercés les distinguent d'abord ;
Car elle voit de loin avec un doux transport,
Le chapeau bosselé penché sur la visière,
Le jonc qu'un noir cordon fixe à la boutonnière,
La redingote bleue et l'étroit pantalon,
Le gilet haut croisé, les bottes sans talon,
Et ce large col noir dont la ganse impuissante
Dissimule si mal une chemise absente.
Elle dresse à l'instant sur leurs pieds vermoulus,
Quatre bancs qu'ont usés six lustres révolus,
Raffermit au milieu la table délabrée,
Dépèce de ses mains une large curée,
Et les mets qu'elle livre à ces hôtes grossiers,

De gingembre et de sel embrasent leurs gosiers ;
Grâce au vin dont la table est toute parsemée,
Leur soif à peine éteinte est encor rallumée,
Et, l'estomac chargé de fumeuses liqueurs,
Ils rendent avec bruit leurs grossières vapeurs.
Tout concourt aux plaisirs de ces fils d'Épicure ;
De larges calumets, dont la teinte est obscure ;
S'allument à la ronde, et les tubes noircis
Soufflent parmi les rangs des convives assis,
La plante narcotique en nuage bleuâtre :
C'est l'instant des propos pour la bande folâtre,
Ils devisent gaîment, racontent leurs exploits,
Et fatiguent l'écho de leurs bruyantes voix.
Quel est leur nom ? quelle est cette horde en tumulte ?
Du tout-puissant Franchet c'est la milice occulte,
A la perçante vue, au subtil odorat ;
Voilà les familiers de ce doux magistrat,
Citoyens éprouvés, dont monsieur de Saint-Jules [10]

CHANT TROISIÈME.

Grossit de jour en jour ses noires matricules :
Là sont des inspecteurs cent fois débaptisés,
Des gendarmes subtils en hommes déguisés,
Des marchands doucereux, de faux légionnaires,
Des vétérans de l'ordre ou des surnuméraires ;
La plupart descendus du fatal échelon,
Sous la casaque rouge ont brillé dans Toulon ;
Et leur main quelquefois à l'aspirant novice,
Découvre avec orgueil leurs états de service.
Ils ont un chef suprême, et ce despote noir,
A son petit-lever les mande en son manoir ;
Aussi les voyons-nous, un rapport sur les lèvres,
Errer chaque matin sur le quai des Orfèvres.
Qui le croirait à voir leurs habits en lambeaux !
L'État doit son salut à leurs procès-verbaux ;
Au service public leurs têtes sont blanchies,
Ils sont les arcs-boutans des vieilles monarchies ;
Et cet ingrat public, étrange iniquité !

3*

Du titre de *mouchards* flétrit leur dignité!

Ministre impartial, du moins ton éloquence,

Des Parias français embrassa la défense

Le jour où tu voulus leur payer à ton tour,

Un tribut solennel de justice et d'amour!

Cette nuit, convoqués par une circulaire,

Ils s'étaient tous rendus dans leur antre ordinaire;

Jamais depuis Sartine on ne vit à la fois

Tant de noms illustrés par de plus grands exploits.

La bande s'égayait, et, suivant ses caprices,

De la nocturne orgie épuisait les délices,

Lorsque le chef se lève, et dit : « Nobles amis!

» Demain est un grand jour à nos destins promis;

» Vous le savez; Paris, votre proie et la mienne,

» Doit envoyer ici sa garde citoyenne :

» Soyez de cette fête invisibles témoins,

» Sous un masque bourgeois occupez tous les points;

CHANT TROISIÈME.

» La Carte de Paris vous est assez connue,

» Ainsi du Champ-de-Mars gardez chaque avenue ;

» Embrassez dans un cercle, avec soin agrandi,

» Le levant, le couchant, le nord et le midi ;

» Les uns arriveront du champ des Invalides,

» D'autres par Vaugirard viendront à pas rapides ;

» Cophignon et les siens, déguisés en marchands,

» Des villages voisins traverseront les champs.

» Des plus vieux d'entre vous le poste sédentaire,

» Gardera sans bouger l'École-Militaire ;

» Cent de vous veilleront aux hauteurs de Passy ;

» D'autres, les bras croisés, *travailleront* ici.

» Au moindre vague bruit, à la moindre nouvelle,

» Venez à votre chef faire un rapport fidèle ;

» Mon poste est établi sur le pont d'Iéna. »

Tel au milieu des siens le fier Catilina,

Bravant de Cicéron le fulminant exorde,

Étonnait de ses cris l'autel de la Concorde,

Assignant à chacun de ses fiers conjurés,

Les domaines de Rome à leur rage livrés.

Avec non moins d'audace à sa noire brigade,

Le suppôt de Franchet partage l'esplanade;

Tous jurent d'obéir, et dans un large broc

Ils puisent du courage et des tosts à Vidoc.

Tout-à-coup un mouchard, lynx de la compagnie,

Porte ses doigts mouillés sur la vitre ternie,

Et du champ solitaire explorant la grandeur,

Dans son enceinte il plonge un œil inquisiteur;

Il tressaille, il croit voir se mouvoir dans l'espace,

Aux rayons de la lune, une confuse masse :

« Alerte! a-t-il crié; compagnons! quittez tout;

» Voyez au Champ-de-Mars ces trois objets debout;

» Ce sont nos ennemis, puisque ce sont des hommes :

» Si le chef le permet, ils sauront qui nous sommes.

» Pour les prendre vivans, il faut les investir;

» Soyons muets, le bruit pourrait les avertir. »

CHANT TROISIÈME.

Tous sortent à ces mots, au signal de leur maître,
Les yeux toujours fixés sur le trio champêtre;
Mais craignant les reflets de la lune qui luit,
Ils suivent des ravins le tortueux circuit,
Rampent dans les fossés, et leurs marches subtiles,
Sur le terrain fangeux étonnent les reptiles.
Un houra général s'élève, et les mouchards
Se dressent tout-à-coup en mobiles remparts;
Villèle, Peyronnet, et le tremblant Corbière
Ont cru voir mille morts surgir de la poussière;
Ils regrettent tout bas Frayssinous, dont les doigts
Écartent les démons par des signes de croix.
Peyronnet, plus hardi, vers la bande s'avance;
Je vous somme, dit-il, par les sceaux de la France,
Par Villèle, Corbière, et par moi Peyronnet,
Trois têtes, en un mot, sous le même bonnet.
D'abandonner ce champ...... Mille clameurs sinistres
Déchirent, à ces mots, le tympan des ministres,

Mille voix ont crié : « Vous-mêmes rendez-vous !
» Ce subtil faux-fuyant est trop grossier pour nous;
» Osez-vous, malheureux, pour fuir notre colère,
» Profaner ces grands noms que la bande révère !
» Nos mains vont vous traîner devant les magistrats :
» Gardes, qu'on les saisisse! » A ces mots mille bras
Se sont levés contre eux...... Héros de l'épopée !
Déjà vous consentiez à rendre votre épée,
Déjà même brillaient ces bracelets de fer
Dont Chauvet garde encor l'empreinte sur sa chair;
Mais le Ciel ne veut pas que tant d'ignominie
Serve de dénoûment à la cérémonie.
Un prodige inouï consterne les mouchards ;
Une voix retentit du fond du Champ-de-Mars,
Un inconnu se montre, et deux mots de sa bouche
Font tomber à genoux cette bande farouche,
Car elle a reconnu la sombre déité
Qu'on adore au manoir de la vieille Cité.

CHANT TROISIÈME. 49

Les héros rendent grâce à ce bras tutélaire

Qui d'un insigne affront sauva le ministère,

Et de tant de mouchards tous les quatre entourés,

Semblaient des rois puissans de leur peuple adorés.

Le chef mystérieux, d'une voix souveraine,

Ordonne à ses sujets d'évacuer l'arène :

« Gardez-vous de troubler ce congrès clandestin ;

» Allez chez Léonarde attendre le matin ;

» Recévez cependant la nouvelle largesse

» Que le père Ronsin par mes mains vous adresse ;

» J'accourais en ces lieux pour vous la partager,

» Quand j'ai vu dans vos mains trois héros en danger. »

Il dit, et par respect lui-même se retire ;

Le Champ-de-Mars est libre et Villèle respire :

« Revenons au grand but qui nous fit réunir,

» Dit-il, et des mouchards perdons le souvenir ;

» Reprenons notre pose, et, l'ame recueillie,
» Prononçons à l'instant un serment qui nous lie ;
» Toi, noble Peyronnet, le poëte des trois,
» Pour nous encourager fais entendre ta voix. »

PEYRONNET, *l'air inspiré.*

Apollon, par Phébé qui sur nos têtes brille,
Inspire-moi des chants contre nos oppresseurs,
Toi qui de chastes feux brûles pour ta famille,
  Toi qui vis avec tes neuf Sœurs !

  Nous sommes trois contre un royaume !
  Embrassons nos vieux étendards,
  Et levons-nous comme un seul homme.
  Guerre au peuple ! Le Champ-de-Mars
  Ce soir est notre jeu de paume.

  Du pouvoir sainte trinité,
  Jurons dans ce lieu solitaire,

CHANT TROISIÈME.

De mourir pour la liberté,
La liberté du ministère.

CORBIÈRE.

Recevez en ce lieu mes sermens et ma foi :
Je m'élève d'un coup à votre renommée ;
Demain j'anéantis une puissante armée :
Le salut du ministre est la suprême loi ".

VILLÈLE.

Le peuple est un tyran qui pèse sur la France,
Il vise au ministère et menace nos droits;
Formons, pour soutenir notre belle puissance,
La Sainte-Alliance des Trois.

Si demain meurt notre espérance,
Victimes d'un peuple jaloux,
Que la gloire nous récompense :
Il est beau de mourir pour nous
En combattant contre la France.

LA CORBIÉRÉIDE.

LES TROIS MINISTRES, *en chœur.*

Du pouvoir sainte trinité,
Jurons dans ce lieu solitaire,
De mourir pour la liberté,
La liberté du ministère.

Cependant les mouchards dans l'ombre retirés,
De loin prêtent l'oreille à ces accens sacrés ;
Leur ame en est émue, et pour gage d'estime,
Ils entonnent en chœur ce nocturne sublime :

CHŒUR DES MOUCHARDS.

Le père Ronsin
A payé l'orgie ;
Du Bourgogne saint
La lèvre rougie,
Dans la tabagie
Dormons sans coussin.

CHANT TROISIÈME.

Au brave électeur,
Notre camarade,
Que tout franc buveur
Porte une rasade,
Qu'on l'élève au grade
De législateur.

Au noble Vidoc,
Aimé sans envie,
Buvons le Médoc,
Tout nous y convie,
Brûlons l'eau-de-vie
Du vieux Languedoc.

Le père Ronsin
A payé l'orgie;
Du Bourgogne saint
La lèvre rougie,

Dans la tabagie..
Dormons sans coussin.

Ces chants, digne refrain des chants du ministère,
Réveillaient en sursaut l'École-Militaire.

CHANT QUATRIÈME.

CHANT QUATRIÈME.

LE SIÉGE DE PARIS.

Un jour s'est écoulé : la garde de Paris
Vient d'exprimer ses vœux par d'unanimes cris.
Paisible au Champ-de-Mars, orageuse à la ville,
Elle a longé l'hôtel que défend Rainneville,
Et d'un tribut d'honneur saluant le balcon,
Chaque file a maudit le Mazarin gascon.
La soif de la vengeance a dévoré Villèle.

Mais Corbière enfermé dans son hôtel Grenelle
En attendant la nuit et l'heure du conseil,

Se dispose à goûter les douceurs du sommeil;
Il sait qu'au Champ-de-Mars les bourgeoises milices
Au Prince ont dénoncé Villèle et ses complices;
Mais comptant sur l'effort des gens-d'armes promis,
Il défie, en bâillant, ses vingt mille ennemis.
Deux heures de travail ont ébranlé sa tête;
Il s'avance, à pas lents, vers la chambre secrète,
Tabernacle poudreux où jadis le héros,
Un Elzévir en main, gouvernait ses bureaux.
Aujourd'hui tout entier aux affaires publiques,
Il n'accorde aux bouquins que des regards obliques.
Sa bouche, en ce lieu saint, ô Grecs, pardonnez-lui!
S'ouvre pour exhaler un murmure d'ennui.
En vain deux mille auteurs montrent sous les grillages
Un titre séduisant écrit au dos des pages,
Il est sourd; sur un lit étendant son manteau,
Il s'apprête à dormir sans lire un in-quarto.
On eût dit Saint-Cha...., que la France renie,

Par un sommeil vandale insultant au génie.
Tout-à-coup le ministre entend sous ses lambris
L'acajou ciselé gémir à petits cris ;
Il croit que c'est un jeu de sa tête troublée,
Mais sa bibliothèque est soudain ébranlée :
Il se détourne, et voit les rideaux de satin
Légèrement froissés par l'ongle d'un lutin ;
Un épais tourbillon d'une noire poussière
A la salle un instant dérobe la lumière ;
L'éclair brille, et devant le docte triumvir,
Apparaissent vivans les frères Elzévir [12].
Ils avaient revêtu leur parure complète :
Deux rayons d'acajou jaillissent de leur tête,
Un vélin d'Amsterdam couvre leurs brodequins,
Le tout est relié de manteaux marroquins.
« O maîtres des Didot, s'est écrié Corbière,
» Sans doute descendus du ciel à ma prière ;
» Est-ce vous, grand Louis, est-ce vous, cher Daniel ?

» Quel miracle! on voit donc des libraires au ciel?
» Typographes divins, dignes de l'auréole,
» Je vais..... » Soudain l'aîné lui coupe la parole :
« Renégat, lui dit-il, dans quel but insensé
» au culte des bouquins as-tu donc renoncé?
» Frayssinous t'a perdu, cet ignorant évêque,
» Qui n'a que ses sermons dans sa bibliothèque!
» Depuis qu'à Loyola ton esprit s'est vendu,
» J'attends en vain de toi l'hommage qui m'est dû.
» Tu laisses vivre en paix ce ver qui dans tes pages
» Ecrit en sillons creux ses ignobles outrages ;
» Tes trésors ont subi dans leurs rangs étouffés
» La poudre corrosive et le gaz des cafés ;
» Qu'est devenu ce temps où la main de Corbière
» Caressait leur vélin de sa plume légère ?
» Aujourd'hui ces plaisirs ne touchent plus ton cœur,
» Villèle les flétrit par son jargon moqueur:
» De ton premier métier tu rougis, et peut-être,

» Comme Judas, Corbière a renié son maître !
» Pendant que ses trésors meurent d'humidité,
» Il s'érige en tyran dans sa vaste cité.
» Oui, j'ose t'en prier, oui, par nos sympathies,
» Par les éditions de mes presses sorties,
» Suis ton premier instinct, retourne à ce métier
» Que dans Aix illustra ton vieil ami Pontier [13];
» Fais pâlir Motteley [14]; bouquiniste pédestre,
» Passe du quai Voltaire à la salle Sylvestre;
» Que ton nom, juste effroi de l'écrivain jaseur,
» Ne soit plus prononcé que par l'huissier priseur.
» De l'or de ton budget écrase dans la vente
» Debure [15] tout gonflé de sa poudre savante,
» Accapare à toi seul sur un vaste fardier
» A l'hôtel Bullion les trésors de Nodier :
» Voilà l'ambition qui convient à ton ame :
» Quitte la dignité dont la pompe t'enflamme,
» Ta taille de ce rang n'atteint pas la hauteur ;

» Tu fais l'homme d'État, tu n'es qu'un brocanteur. »

Corbière furieux répond : « Songez, mes frères,

» Que je puis vous ôter vos brevets de libraires;

» Vous êtes des mutins et des séditieux!..... »

Mais le couple léger vers la voûte des cieux

S'envole en exhalant, à défaut d'ambroisie,

Le parfum de ce cuir que tanne la Russie.

Le ministre breton, au fond de son boudoir,

S'apprête à réfléchir sur ce qu'il vient de voir,

Lorsqu'il entend la voix de l'empressé Villèle,

Dont le fausset gascon au grand salon l'appelle.

La nuit était venue, et Villèle et sa cour,

De la table à conseil décoraient le contour.

Le dieu du fisc frappant sur la tenture verte,

Dit gravement : Messieurs, la séance est ouverte.

Voici l'ordre du jour : vous savez comme moi

CHANT QUATRIÈME.

Que Paris a maudit un ministre du Roi ;
Qu'aujourd'hui, vers le soir, une garde rebelle,
Sous mes vastes arceaux criait : *A bas Villèle!*
Des colloques secrets j'ai même un bulletin,
Des braves de Franchet chef-d'œuvre clandestin.

Montrant des papiers.

Il est dans ce carton et chacun le peut lire :
Pour moi j'ai dédaigné cette plate satire,
Je méprise ces cris ; pour en être blessé,
Je suis trop bien en cour, et suis trop haut placé ;
Mais c'est la dignité de notre cause sainte
Qu'il faut venger ici d'une profane atteinte,
Et je propose donc, pour calmer les esprits,
De casser d'un seul coup la garde de Paris.
Je vais compter les voix ; chacun, à tour de rôle,
Pour donner son avis peut prendre la parole.

PEYRONNET.

C'est encore un projet de justice et d'amour !

Cet enfant nouveau-né ne me doit pas le jour,
Et toutefois pour lui je fais des vœux sincères;
Je l'adopte au besoin s'il veut avoir deux pères.

DAMAS.

Oméga du conseil, c'est par vous que je vis,
Et le préopinant me dicte mon avis.

CLERMONT—TONNERRE.

Un guerrier tel que moi ne peut voir qu'avec peine,
De soldats citoyens une milice urbaine;
Le fer ne sied qu'aux gens qui, dans treize ans de paix,
Soldats, ont comme moi blanchi sous le harnais.

CORBIÈRE.

En prêtant mon hôtel pour *opérer*, je pense
Avoir émis mon vote et mon avis d'avance.

FRAYSSINOUS.

Moi, je ne vote pas.

CHANT QUATRIÈME.

VILLÈLE, *étonné*.

(Stupéfaction générale.)

Ah! voici du nouveau!
Eh! quelle vision trouble votre cerveau?

FRAYSSINOUS.

Fi! des bourgeois! mon cœur les voue aux anathêmes:
Mais ils font des hymens, des décès, des baptêmes;
S'ils savent que contre eux je vous donne ma voix,
Les paroisses perdront quatre cent francs par mois;
Et je veux que demain la dévote *Gazette*
De mon refus formel se rende l'interprète.
Corbière vit des jeux, moi je vis de l'autel,
Et ce sont les bourgeois qui font mon casuel.

VILLÈLE.

Bien! je reconnais là l'esprit du sanctuaire,
Et d'ailleurs votre voix ne fait rien à l'affaire.
Avant d'entrer ici, mon plan était tout prêt,
Je savais que ma loi sans *veto* passerait;

Que d'Hermès se récuse ou que Corbière dorme,
Qu'importe ! nous tenons un conseil pour la forme.

DOUDEAUVILLE.

Et vous osez le dire !

VILLÈLE.

Et le dirai toujours :
Je déteste les gens qui voilent leurs discours.
Dissimulons devant un public misérable,
Soit ; au moins, entre nous, jouons cartes sur table.

DOUDEAUVILLE *se levant.*

C'en est trop, je ne puis modérer mon courroux ;
Un La Rochefoucault ne peut vivre avec vous.
On ne peut être ici, sans trahir la justice ;
De vos exploits honteux qu'un autre soit complice ;
A ce licenciment je refuse ma voix
Et siége en ce conseil pour la dernière fois.

A ce noble refus, le vigilant Corbière

De ses doigts allongés excite sa paupière ;
L'exotique Damas fait trois signes de croix,
Le grand-juge rougit pour la première fois ;
D'Hermopolis s'enfuit, Clermont tombe en faiblesse,
Et Villèle se couvre en signe de détresse.
Peyronnet le premier rompt le silence, et dit :
Motivez, s'il vous plaît, un refus si subit.
Par quel secret motif d'une plèbe rebelle
Contre l'avis de tous épouser la querelle ?
Ah ! de plaider sa cause épargnez-vous le soin,
Les torts de ces bourgeois datent d'un peu plus loin ;
Oubliez-vous, Monsieur, que ces bandes guerrières
Ont fait feu sur nos rangs ?

DOUDEAUVILLE.

En quels lieux ?

PEYRONNET.

Aux barrières.

DOUDEAUVILLE *sortant.*

Je me retire.

VILLÈLE *se levant.*

Allez dans votre cabinet,
Vous prosterner devant le tableau de Vernet.

Après trois secondes de silence.

C'est bien : il est parti..... Ce ministre infidèle
Outrage le Monarque en outrageant Villèle :
Je sais, que sur ce point vous pensez comme moi,
Qui n'aime pas Villèle est ennemi du Roi.
Voyez à quel excès un fol orgueil entraîne !
Mort ou vif, Doudeauville éprouvera ma haine ;
S'il fait valoir le sang des La Rochefoucault,
Qu'on l'empoigne d'après le procédé Foucault.....
Terminons maintenant, en petite assemblée,
Cette *opération* qu'un transfuge a troublée.
La garde.....

CHANT QUATRIÈME.

CORBIÈRE *interrompant*.

C'est fini, le Conseil a voté ;
Elle est licenciée à l'unanimité.

VILLÈLE *lui présentant l'ordonnance*.

Signez.....

CORBIÈRE.

De tant d'honneur Corbière n'est pas digne,
Mais un serment me lie et gaîment je la signe.

VILLÈLE.

Hâte-toi.

CORBIÈRE.

Le soleil ne verra pas demain
Un seul de ces bourgeois les armes à la main.
Mais vous m'avez promis, pour soutenir mon zèle,
De me fortifier comme une citadelle.
J'attends depuis hier trente mille soldats ;
Je les cherche partout et je ne les vois pas.

L'ordonnance sans eux pourrait m'être fatale :
Que puis-je faire seul contre une capitale ?

CLERMONT-TONNERRE.

Mes ordres sont donnés ; demain, au point du jour,
Ces défenseurs promis formeront votre cour ;
Leurs nombreux escadrons campent hors des barrières.
Allez les joindre ; aidé de vos faibles lumières,
Assignez à chacun le poste qu'il lui faut,
Tâchez que votre esprit ne soit pas en défaut.

Le Conseil se sépare, et Corbière en son ame,
D'un courage inconnu sent la brûlante flamme ;
Il s'élance à cheval, et d'un pas réfléchi,
Gagne au lever du jour les hauteurs de Clichy ;
A l'enclos de Lathuile il rend une visite,
Il y poste un renfort de mille hommes d'élite,
Tout près, au premier son du sinistre tocsin,
D'envahir au galop le boulevard voisin ;

CHANT QUATRIÈME.

Il harangue en passant les troupes aguerries,
Puis il fait hérisser de longues batteries,
Les moulins de Montmartre et la butte Chaumont,
Que défendit si bien notre allié Marmont;
Il fait un long circuit, traverse la rivière,
Poste des artilleurs dans la Salpêtrière,
Et sur le Panthéon au dôme colossal
Le héros établit son quartier-général.
C'est de-là que muni d'une longue lunette,
Il veut voir sans danger le combat qui s'apprête.
L'atmosphère des camps a retrempé son cœur;
Il brûle d'obtenir le titre de vainqueur.
Oh! que les grands sont fiers lorsque les baïonnettes,
Comme un rempart d'acier garantissent leurs têtes.
Corbière mande Chappe aux premiers feux du jour;
L'estafette de l'air, sur une haute tour,
En attendant Chavès, annonçait la girafe.
« O toi, Champollion du muet télégraphe,

» Lui dit Corbière, il faut que ton œil aujourd'hui,
» Appointé par l'État, ne veille que pour lui ;
» Au moindre mouvement d'une garde mutine,
» Mets en jeu les deux bras de ta noire machine ;
» Songe qu'un seul oubli pourrait m'être fatal.
» Je ne t'en dis pas plus ; sois exact au signal,
» Corbière est menacé par le roc de Sisyphe !
» Mais avant donne-moi le mot du logogryphe. »
Chappe s'incline, et livre au ministre breton
La clef du télégraphe écrite sur carton.

Cependant, au matin, l'ordonnance fatale,
Inscrite au *Moniteur*, émeut la capitale ;
Le peuple, qui l'eût dit ? reste sans mouvement,
Il n'a qu'une pensée et qu'un seul sentiment :
L'insultante pitié dont sa tranquille audace
Flétrit, en traits aigus, le ministre qui passe.

CHANT QUATRIÈME.

Et déjà les clochers du vieux pays latin
En chœur ont répété dix heures du matin;
Tout est calme; Corbière, étudiant son rôle,
Reste toujours perché sur sa haute coupole;
De-là son prompt regard embrasse tout Paris;
Il recueille les sons, prête l'oreille aux cris;
Rien n'annonce sous lui que dans la ville entière
Tout un peuple insurgé s'occupe de Corbière.
Avant d'abandonner son quartier-général,
Aux tours de Saint-Sulpice il cherche le signal;
Mais Chappe, tout ravi de voir Paris tranquille,
Sur sa tour a cloué sa machine immobile.
Alors le fier Breton, gardant l'incognito,
A sainte Geneviève adresse un *ex-voto*.
Il sort à reculons de la guérite sainte;
L'image de la paix en tous lieux est empreinte:
Il pâlit de frayeur, et d'un air recueilli,
Il marche à pas pressés vers l'hôtel Rivoli.

« Ah! dit-il, en entrant, ô mon maître! ô Villèle!
» A quoi donc m'ont servi mon armée et mon zèle?
» Ces vils bourgeois!... un dieu semble les protéger,
» Ils ne nous ont pas fait l'honneur de s'insurger.
» Mais je ne perdrai pas les fruits de mon courage;
» D'un séduisant métier j'ai fait l'apprentissage;
» Et, s'ils m'ont poursuivi de leur calme insultant,
» Au cours de Récamier mon sabre les attend. »
Le ministre gascon souriant à Corbière,
Lui dit: « Dépose ici ton audace guerrière;
» Le calme, je le vois, règne dans la Cité;
» Je ne t'accuse pas de sa tranquillité.
» Malgré toi, mon ami, tu triomphes sans peine;
» Si le sang aujourd'hui n'a pas rougi la Seine,
» La faute en est aux Dieux; tu n'avais rien omis
» Pour écraser d'un coup nos bourgeois ennemis.
» On dira dans un siècle : Il fut une milice,
» Des attentats publics éternelle complice :

CHANT QUATRIÈME.

» Sous des signes proscrits on la vit se ranger,
» Elle teignit ses mains du sang de l'étranger,
» Elle brava les rois, on n'osa la dissoudre;
» Elle insulta Villèle, elle fut mise en poudre;
» Et la postérité, par un heureux lien,
» Au grand nom de Villèle associra le tien.
» Mais d'insignes honneurs t'attendent dans la vie.
» Le cordon de Ravez excite ton envie :
» Le voilà, c'est le mien, je puis t'en décorer;
» Bientôt, aux yeux de tous tu pourras t'en parer;
» Ignore là-dessus ce qu'un vain peuple pense :
» Des sauveurs de l'État telle est la récompense;
» Et parmi les visirs, il en est, sur ma foi,
» Qui l'ont, dans le Sérail, moins mérité que toi. »

NOTES.

¹ . . . . Et cet homme est Villèle !

Les trois héros de ce poëme sont connus de la France entière; leur biographie est partout; nous sommes donc dispensés d'exhiber leur vie à un public qui, pour son malheur, ne la connaît que trop. Nous nous bornerons à donner sur M. de Villèle quelques détails inédits, qui serviront de complément à son histoire publique : ces détails sont particulièrement adressés aux lecteurs éloignés de Paris, qui sentent la verge du ministre, sans jamais avoir vu la main qui la tient.

M. de Villèle est un être de cinq pieds deux pouces environ, attaché à une longue épée, botté à l'anglaise, étranglé par le cou d'un frac brodé en or; le cordon bleu brochant sur le tout. Son teint est d'un brun foncé, comme celui de tous les créoles; sa tête est sillonnée de quelques cheveux plats, que les discours de M. Casimir Périer ont fait grisonner pendant la dernière session. Il entre à la Chambre à une heure et quart, deux gros huissiers lui font la plaisanterie d'ouvrir la porte à deux battans, et le ministre *levis exilit*, comme le rat d'Horace. Assis sur son banc, il ouvre son porte-feuille rouge, en tire cinquante feuilles volantes, les parcourt avec une précipitation affectée, les replace dans le porte-feuille, prend sa boîte d'or, prise lestement, déploie un vaste mouchoir rouge en madras, se mouche, et éternue trois fois; MM. de Sesmaisons, de Frénilly, de Roger profitent de l'occasion, et donnent un triple salut au ministre qui éternue. A la faveur de cet incident, la conversation s'engage; les députés voisins entourent le banc de M. de Villèle; M. Des Issarts fait des calembourgs, M. de Saint-Chamans, des plaisanteries fines; M. de Frénilly, des sarcasmes amers; M. de Sesmaisons rit de toute la force de ses vastes poumons, et M. de Villèle accueille ces témoignages de dévouement, en tirant une mèche de ses cheveux, ou en frappant la paume de sa main gauche avec un couteau d'ivoire blanc. Cette scène touchante se prolonge jusqu'au moment où M. Ravez, déployant sa voix éclatante et bordelaise, annonce que la séance est ouverte.

M. de Villèle écoute les discours de l'Opposition avec un air d'insouciance qui pourrait passer pour naturel; quand M. Périer se dispose à le tirer à brûle-pourpoint, il se met au blanc avec une grâce qui ferait honneur à un duelliste de profession; son attitude est calme, son œil fixe, sa poitrine en relief; si M. Ravez entonne son air favori, *M. le ministre des finances a la parole*, le ministre se lève vivement, court, comme la Camille de Virgile, sans laisser l'empreinte de ses bottes sur le tapis d'Aubusson, et montre en un clin-d'œil sa tête à fleur de tribune; il parle, et à son accent nasal, à ses mouvemens de tête et d'avant-bras, on croirait voir ce héros napolitain dont Mazurier a fait un Vampire. Le discours terminé, M. de Villèle boit un verre d'eau sucrée, descend de la tribune, et retourne lentement à sa place, en jetant un regard de satisfaction sur la sauvage abondance des banquettes ministérielles.

Il manquait à M. de Villèle une *Couronne Poétique*; nous apprenons à l'instant que M. Léon Vidal vient de la publier; cette honorable Couronne se compose de toutes les pièces de vers qui ont été adressées au héros par tous les poëtes satiriques de la

NOTES. 79

France. M. Léon Vidal a fait précéder cet ouvrage d'une Épître inédite à M. de Villèle, qui ne peut qu'ajouter à la gloire de ce ministre.

² Je convoque au besoin trente mille soldats.

Tout Paris sait que, par une forfanterie qu'on ne saurait poliment qualifier, les ministres firent avancer sur Paris tous les régimens qui avoisinaient la capitale ; le bon sens du peuple parisien fit justice de ce ridicule appareil de siége.

³ Promènent au galop la logique des rois.

Ultima ratio regum, ancienne devise des canons sous les rois absolus.

⁴ Et ce noble édifice où dans l'ombre s'élève
  La race que la France armera de son glaive.

L'École-Militaire, au Champ-de-Mars.

⁵ Poussait des cris de joie à l'aspect de *la Pie*.

Nom du cheval que montait l'illustre général **La Fayette**.

⁶ Tels d'un noble dessein les complices hardis.

Allusion au serment des trois Suisses. Ce serment a fourni à M. Steuben le sujet d'un admirable tableau qu'on voit dans la galerie de monseigneur le duc d'Orléans.

⁷ LES MOUCHARDS.

Il est des sujets si bas en eux-mêmes, qu'ils paraissent incompatibles avec une poésie décente ; aussi n'aurions-nous jamais consacré des vers aux mouchards, si un grand personnage ne les eût réhabilités publiquement. La poésie ne doit pas être plus scrupuleuse que le langage parlementaire.

NOTES.

⁸ De l'avare Benoist affronte le suppôt.

M. Benoist, directeur des contributions indirectes.

⁹ La vieille Léonarde apprête le festin.

Tous ceux qui ont lu Gil-Blas savent que Léonarde était la cuisinière des voleurs peints par Le Sage.

¹⁰ Citoyens éprouvés dont M. de Saint-Jules.

De Saint-Jules est le nom d'homme de M. Vidoc.

¹¹ Le salut du ministre est la suprême loi.

Traduction libre du fameux adage : *Salus populi suprema lex esto.*

¹² . . . . Les frères Elzévir.

Fameux libraires d'Amsterdam, patrons des bibliophiles.

¹³ Que dans Aix illustra ton vieil ami Pontier.

M. Pontier d'Aix en Provence, doyen des bibliophiles du royaume. M. de Corbière lui accordait jadis, tous les lundis, une audience particulière, dans laquelle on parlait bouquins. Depuis ses hauts faits politiques, M. de Corbière a suspendu cette audience hebdomadaire.

¹⁴ . . . . . Fais pâlir Motteley.

M. Motteley que les bouquinistes ont surnommé le *célèbre* pour le distinguer de ses contemporains.

¹⁵ Debure tout gonflé de sa poudre savante.

C'est le premier bouquiniste de la capitale, et le plus grand ennemi des ouvrages modernes après M. de Corbière.

FIN.

LIBRAIRIE D'AMBROISE DUPONT ET Cie,
RUE VIVIENNE, N° 16.

SOUSCRIPTION

AUX

DISCOURS

DE

M. Benjamin Constant

A LA CHAMBRE DES DÉPUTÉS;

2 Vol. in-8°. Prix : 14 francs.

ORNÉS DU PORTRAIT DE L'AUTEUR ET D'UN FAC SIMILE DE SON ÉCRITURE.

Plus de trente années se sont écoulées depuis le jour où M. Benjamin Constant a pris la plume pour propager et défendre les principes constitutionnels. Des méditations profondes, des études continuelles et toujours dirigées vers l'établissement de la liberté dans notre belle France, ont fait de cet écrivain politique l'un des premiers publicistes du temps.

Toutes les grandes époques, tous les grands périls ont vu M. Benjamin Constant reparaître dans la lice avec des armes d'une trempe plus forte. L'éclat de ses talens, l'importance de ses services, la conviction puisée dans ses écrits qu'il appartient à la liberté par une vocation irrésistible, qu'il ne peut trouver de gloire et même d'asile que dans la liberté ; le souvenir de sa noble conduite dans une de nos assemblées, avaient marqué, depuis long-temps, sa place dans notre Chambre des communes : il y fut appelé d'abord par les électeurs du département de la Sarthe ; ensuite par les électeurs de la Seine ; et, dès sa première apparition dans la Chambre des Députés, il répondit à la confiance de ses commettans, comme à l'attente de la France, par un dévouement sans bornes et par un nouveau genre de mérite ; en effet, l'écrivain distingué devint un modèle de la discussion parlementaire.

M. Benjamin Constant, toujours prêt à l'attaque ou à la défense, regarde sa vie politique comme la continuation d'un combat sans trêve ; athlète infatigable, il ne manque jamais à la cause commune : les succès augmentent sa puissance, les revers excitent son courage ; jamais il ne paraît plus redoutable aux adversaires de la liberté, qu'au moment de leur triomphe prévu et assuré d'avance. C'est surtout depuis que la minorité constitutionnelle, dont il partage les généreux efforts, se trouve réduite à un si petit nombre dans la Chambre législative, que M. Benjamin Constant a redoublé d'énergie et de talent. On pourrait dire qu'il grandit chaque jour au milieu de la lutte inégale qu'il soutient, avec ses dignes collègues, contre le ministère armé de tous les moyens de force et de séduction, contre la puissance du nombre et la majorité des votes. Ses discours préparés dans le silence de la méditation, ses nombreuses et brillantes improvisations à la tribune, unissent plus de chaleur et d'entraînement à l'ensemble de toutes les ressources que l'instruction, la sagacité, une raison solide et ingénieuse, et l'habitude des luttes politiques, peuvent fournir à un esprit de l'ordre le plus élevé. Il semble qu'une alliance, chaque jour plus intime avec les vœux de trente millions d'hommes, que la profonde indignation qu'excite en lui le projet manifeste de nous mettre sous le joug de l'ignorance et de la superstition, l'élèvent plus souvent à la haute éloquence. Cette éloquence doit croître encore avec les combats, les périls, les épreuves de toute espèce que nous prépare la conjuration formée contre la Charte, ouvrage et présent de Louis XVIII. Les ennemis des principes constitutionnels semblent ne vouloir s'arrêter que sur les bords de l'abîme où ils courent se précipiter en aveugles. Jusqu'à cette extrémité, la lutte constitutionnelle ne peut être suspendue un moment; et l'on peut dire de M. Benjamin Constant, que la liberté a besoin de lui.

Frappés de toutes ces considérations, convaincus que M. Benjamin Constant est l'un des écrivains le plus versés dans la profonde connaissance de l'ordre constitutionnel et représentatif, et par conséquent l'un des hommes le plus propres à faire, par la propagation de ses doctrines, l'éducation politique des générations nouvelles, un grand nombre de citoyens, d'électeurs de Paris et des départemens, voulant offrir un tribut légitime au courage et au talent d'un mandataire aussi fidèle de la nation, ont résolu de faire imprimer, avec la permission de l'auteur, et de répandre par toute la France, au moyen d'une souscription volontaire, les discours de M. Benjamin Constant à la Chambre des Députés.

Deux forts volumes in-8° suffiront à la réunion de ces élémens d'un véritable cours de politique. Le montant de la souscription sera consacré à l'achat d'une propriété qui deviendra, pour M. Benjamin Constant, un témoignage durable de la reconnaissance publique, pour les honorables travaux par lesquels il a bien mérité de la France et de tous les peuples qui marchent sous ses auspices dans la carrière de la liberté.

MM. Casimir Périer, Davilliers aîné et J. Lafitte se sont empressés de concourir à l'exécution d'un projet si digne des bons citoyens qui en ont conçu la généreuse idée ; ils recevront les souscriptions qui leur seront adressées.

Cet ouvrage sera en tout semblable au présent prospectus, pour le papier et le caractère ; le prix est de 14 fr., payables en recevant le premier volume, *qui paraîtra le 1er juillet. Le second volume sera livré aux souscripteurs en octobre.*

ON SOUSCRIT AUSSI

Chez
- AMBROISE DUPONT ET Cie, LIBRAIRES, rue vivienne, n° 16 ;
- J. PINARD, IMPRIMEUR ET FONDEUR, rue d'anjou-dauphine, n° 8 ;

Qui verseront le montant des recettes chez MM. Casimir Périer, Davilliers aîné et J. Lafitte.

PARIS, IMPRIMERIE ET FONDERIE DE J. PINARD,
RUE D'ANJOU-DAUPHINE, N° 8.

www.ingramcontent.com/pod-product-compliance
Lightning Source LLC
LaVergne TN
LVHW020950090426
835512LV00009B/1801